Lebendigkeit –
Bedarf der Liebe

Luzie Irene Pein

Vorwort

Warum Gedichte schreiben?
Haben Sie es schon mal versucht?
Sie brauchen ja nicht sofort ein Buch im Sinn haben,
einfach schreiben, ohne sich selbst zu kritisieren im Wort
und Stil.
Legen sie IHRE persönlichen Worte in eine Schublade,
sammeln sie.
Probieren sie es aus: Denn alles was wir aufschreiben oder
aussprechen kann heilen!
So hat Luzie schon seit Jahren ihre Erlebnisse, Gedanken
und Gefühle „ sich weggeschrieben!"
Sie musste ihr Leben ändern, neu anfangen.

Da las sie mein Referat AUFBRUCH. Sie wollte mich
unbedingt kennenlernen, rief mich an. Das erste Mal
besuchte Luzie mich im Frühjahr 2010.
Sie brauchte mehr Vertrauen, Hoffnung, Liebe,
Selbstwertgefühl.
Sie brauchte jemanden, der sie verstand, zuhörte. Der sie so
annahm, wie sie ist. Sie fragte mich nach Tipps, auch wie
sie ihre gereimten Verse in GEDICHTE verfassen könnte.
Sie lernte dies sehr schnell und setzte diese Schreibart mit
Begeisterung um. Es gelang!

WER SICH NICHT WUNDERN KANN – ERLEBT AUCH KEINE WUNDER!

Luzie ist ein Mensch, der „noch richtig" sehen und hören kann. Sie kann noch staunen, sich wundern.
Das kann nur ein Mensch, der bewusst und achtsam durch das Leben geht. Der die Natur, die Schöpfung schätzt und liebt...

Sie sucht und sieht noch die kleinen Dinge, die dem Leben Freude geben.
Ihre Gedichte scheinen manchen traurig, sehnsuchts- und geheimnisvoll. Luzie hat ihr durchkreuztes Leben damit verarbeitet.
Wer kennt das nicht? Vielleicht spüren Sie beim Lesen dieser emotionalen Gedichte – Ihre eigenen Gefühle, Gedanken?

WECHSELNDE PFADE – SCHATTEN UND LICHT ALLES IST GNADE - FÜRCHTE DICH NICHT!

Erwitte-Horn, den 18. Nov. 2013
Hildegard Hönemann, Autorin...-
http://hildegard.hoenemann.de

Inhalt

Entfaltung

Entstanden durch Gefühle
Chance zum Neuwerden
Träume erweckt
In der Enge durchdacht
Nach vorne gegangen
Aus der Menge hervorgehoben
Gewachsen – Gereift

Stufe erreicht

Freiheit?

1001 Nacht

Betrat Räume
Voller Träume

Öffnete
Einen
Nach
Dem Anderen

Fand
Dichtung
Berichte-
Aus meinem Verstand

Alles ist machbar

Missachtete Liebe loslassen
Um gewürdigte Liebe zu finden

Traurige Lieder zu Ende singen
Um Lieder voller Freuden zu lernen

Stockende Wege beenden
Um gangbare Wege zu gehen

An der Wegbiegung
Entscheiden!

Ich bin neugierig
Auf alles was mir entgegenkommt
Mein Herz pulsiert vor Freude

Abschied

Zeit

Dass die Saat aufgeht
Zu Wachsen
Zum Erblühen

Neue Triebe zu bilden
Ein Leben lang
Sinnvoll

Um Früchte
Zu tragen
Und Verblühen

Auszuruhen
Um dann "JA" zu sagen
Zu "IHM"

DEM ich
Durch SEINE LIEBE
Begegnen soll

Für Ulli

Alte Eiche

Du warst schon da -
Verschont -
Von Stürmen- Blitzlichtern
Als ich kam
Dich kennen lernen durfte:

Viele Wandervölker -
Urlaubsreisende -
Heimatfreunde-
Suchten - fanden Schutz
Unter deinem Dach
Wer anklopfte
Wurde mit offenen Armen begrüßt
Mit Nahrung verwöhnt

Buntes - fröhliches -
Singendes - Leben
In deiner Herberge
Lockte viele Zaungäste an
Sie kamen - gingen
Einige blieben
Ließen sich häuslich nieder

Ich ging zeitweilig-
Kam zurück:

Du bist gealtert
Wie ich -
Gebeugt stehst du
Am selben Platz
Spendest gewohnt
Licht und Schatten
Substanz des Lebens
Für alle Nutznießer

Du bist noch da -
Wenn ich für immer gehe

Du bist aus besonderem Holz geschnitzt
Erinnerst mich an meine Mutter!

Alte Schuhe

Ausgelatscht
Farb - Glanzlos
Einseitig abgenutzt
Haltlos - Unsicheres Gehen

Bereiten eingeengt
Druckschmerzen
Durch offene Wunden

Ziehe sie
Nicht mehr an

Habe endlich Mut
Sie zu entsorgen
Altlasten behindern
Freiräume

Platz-
Beweglichkeit-

**Neue Schuhe-
Für neue Wege !!!**

Alters- Erscheinung

Das Skelett krumm
Organe entfernt

Zu wenig
Am programmierten Platz?

Nein!
Mein Herz ist
Noch am rechten Ort!!!

Und mein Geist
Hell- wach

Anonym

Ich kenne
DEINEN Namen

Ich kenne
DEIN Gesicht

Wer bist DU
 wirklich?

Ich kenne DICH nicht!!!

Apokalypse

Alt
Unentdeckt

Geheim und tröstend

EIN
Typus
Seiner ganzen Größe

ER besiegelt
Endgültig
Ohne die Pforten zu öffnen

SEINE Zeit ist verronnen
In verschiedenen Dimensionen
Zur Vollendung

SEIN Knecht
Hört die Worte
Die da heißen
" Offenbarung"

ICH habe es erfahren

DU AUCH?

Augen - Blicke

Augen -
Die nicht sehen -
Hören die Wahrheit!
Den Klang deiner Stimme

Der Ton macht die Musik!!!

Ausgereift

Reifen-
Greifen-
Begreifen

Überreif
Durch Überdruss
Im Überfluss

Beseelt

Ich lasse sie baumeln

Weil ich Lust habe
Mal keine Lust zu haben

Um dann Seelenstark zu sein
Die Schöpferkraft:
Körper, Geist und Seele
Mit Dir zu teilen

Begehrenswerte Wesen

Artengerecht
Eingezäunte Gattung?

Ausgegrenzt
Von Machtgehabe?

Benachteiligt
Zur Gleichheit?

Warum?

WIR DENKEN
ERFORSCHEN -
PRÜFEN-
STÜTZEN-
ENTSCHEIDEN FREI-
HANDELN-
Vertrauen

IN UNS IST LEBEN
UNSERE SPRACHE VERSTÄNDLICH

Wir sind WICHTIG
Bewusste Macht
Keine Erfindung
Krone der Schöpfung

Und können einparken!!!
Gänzlich Frauen

Betroffen?

Berührte Punkte
Fallen
Fassungslos

**Tief-
Getroffen!**

Bewusstsein

Nimm DICH wahr-
Damit DU DICH erkennen kannst!

Bleib doch

Lauf nicht davon
Vertraue mir
Erzähl mir von Dir
Ich höre Dir zu
Will Dich kennenlernen
Wissen wie es Dir geht
Ich möchte Dir helfen!
Mein Herz und meine Arme
Sind weit geöffnet!

Ich halte Dich

Chamäleon

Ich passe mich
Nicht immer an
Widerspreche

Auch wenn Meine Farben
Verblassen
Meine Haut dünner wird
Werde ich Meine Ansicht
Über Mein Weltbild
Nicht verändern

Ich bin kein Chamäleon!

Durchschaubar

Trotz DEINER
Aufgesetzten Tarnkappe
Erkenne
Ich DICH

Klar und deutlich!

Dann und Wann

Bin ich

Ein stilles Mäuschen
Ein scheues Reh
Eine gurrende Taube
Eine wilde Stute
Ein Beutejagender Adler
Ein Elefant
Im Porzellanladen

Bleibe erschrocken stehen
Nehme mein Umfeld wahr

Ich bin nicht Allein

IM TIERGARTEN

Datenverarbeiter

Überprüfe mal
Deine   Software-

Damit meine Hardware-
Nicht beschädigt wird

Da – Sein

Gaukler
Leuchtend
Nektar saugen

Tausendfüßler
Unbemäntelte Augen

Ameisen
Läuse liebkosen

Umarmt - verschmolzen
Kletterrosen

Motten
Trinken Dämmerlicht

Trauerweide-
Vergissmeinnicht

Singvögel
Seelennest bauen

Name
In Stein gehauen

Mücken
Tänzeln Wonne

Streben-
Leben-
Vollkommenheit

Freies Geleit

Sonne

Delphin im Haifischbecken

Ich werde auf Wellen schweben
Gegen den Strom gleiten
Dem Echo- Lot
Antwort geben

Schwache - verirrte Geschöpfe
Auf dem rechten Weg begleiten

Mit ihnen spielen - singen
Vor Freude in die Höhe springen

Ich bin nicht dressiert-
Isoliert-
Bewusst sehr weit gereist

Ich bin ein FREI – GEIST

Eisberg

Däumling - Von Wasser umgeben
Erkennbar

Riese - Unter dem Meeresspiegel
Mit Spitzen- Zacken   Nicht sichtbar

Das Unbewusste in UNS

Einfallslos

Aufgewärmt
Einmal-
Perfekt

Zweimal-
Noch ok

Dreimal-
Schal

Mehrmals-
Fad

Obwohl
Geschmacksnerven verödet
Heißhunger auf Bekanntes

Laufend
In Wellen erwärmt

Das willst DU
Ziehst den Stecker nicht

Einfach geschmacklos!!!

Eiszeit ?

Grundstock - Eisblock
Gefühl - Kühl
Wärme - Härme
Klimawelle - Bruchstelle
Abspaltung - Zerstücklung
Aufreiben - Wegtreiben
Trennung

Liebe - Triebe

Eruption der Gefühle
Feuer im Wasser
Eine neue Welt taucht auf!
Sonnenzeit???

Empfindlich - Artenreich

Dein Kopf grübelt
Bei Spannungen
Errötest Du

Berühre ich Dich
Bist Du verletzt
Sekundenschnell
Zugeklappt

Du Mimose- Man´n

Entgegenkommen

In MEINEM Herzen
Verspüre ICH Sicherheit

Sie gibt MIR Kraft
DEINE Liebe zu begreifen

Frieden zu finden

ICH FÜHLE MICH ANGENOMMEN

Entpuppt

DU flügellose Erstarrung
Ruhtest geschützt in DEINER Hülle
Zur innerlichen Neugestaltung

Strahlende Sternschnuppen
Erlösten DICH eingesponnenen Kokon
Aus DEINER Wehrlosigkeit

Filigrane Flügel bildeten sich
Um DICH durch sinnvolle Lebenslust
In die Himmelshöhen zu leiten

"FLIEG doch, FLIEG"

Ertüchtigung
Trainer - Macht vor

Auf die Matte
Fertig-Los

Rücken gerade
Kopf entkrampft
Bauch anspannen
Atmen nicht vergessen

Hüfte - Becken
Anheben
Füße-
Bleiben auf dem Boden

Arme
Neben den Körper legen
Ellenbogen drücken
Gegen den Widerstand
Der Auflage

Zurück zum Anfang
Entspannen
Zur Seite – dann Bauchlage

In den VIERFÜßLER Stand
Aufstehen-
GESCHAFFT!

So werden WIR
Als Nachahmer getrimmt
Ob es wirklich nützt-
Wird sich zeigen-
In UNSERER Bewegung

Fang - Gut?

Lachsroter
Sonnenuntergang
Schiff schwimmt gewichtslos
Über tiefes Wasser

Laternenlicht lockt
Fische an
Nimmersatte Netze
Werden ausgeworfen

Warten - Stille
Wellen schlagen hoch
Bewegen das Boot
Fischer strengen sich an im Lot

Fangnetze werden   eingeholt
Schwerwiegend

Tausendfach
Werden Geschöpfe gefangen
Ihre Art gelöscht!!!

Filmentwicklung

Batterie
Aufgeladen
Durch Energie
Aus geistiger Nahrung

Setze sie ein
Halte inne
Warte unsicher
Auf fließendes Licht

Lass mich nicht blenden
Nicht täuschen
Vollnebeln
Ich sortiere
Die Schatten

Setze die rosarote
Brille ab
Suche die Wahrheit
Entscheide zielstrebig
Ich lass los

Puzzle in Negativ
Ich belichte
Ein neues Bild

Füllt den Rahmen
AUS

Flickenteppich

Verhalten

Lege es
Zu Grunde
Stabil

Blendend
Das ständige
Farbenspiel

Kleine Ecken
Funkeln
Große Ecken
Dunkeln

Schwache Stellen
Zerbrechen
Starke Zellen
Versprechen

Zu Halten!

Freundschaft
Mit Dagi

Fremd
Noch nicht
Gekannt

Freundlich
Beim Kaffee
Namen genannt

Gespräche
Geführt
Kennen gelernt

Vertrauen
Aufgebaut
Probleme entkernt

Bis HEUTE
Bist DU für mich
Beste Freundin – Zuhörerin - .....

Danke!

Gehörlos

Liest das ehrliche Wort
Von Deinen Lippen -
AUS Deinem Mienenspiel

Frieden

Rotgoldene Flammen
Spiegeln sich glanzlos
In Schattenrändern
Von ungeweinten Tränen

Die Seele
Legt den Kummer
Auf das blasse Blickfeld
Zieht sich entfremdet zurück

Zu tief
Sitzt der Schmerz
Von nicht verheilten
Und neuen Wunden

SIE will Ruhe
Gesund-
Und NIE mehr
Verletzt werden

Gaukler

Sturmwarnung missachtet
Fallschirm abgelehnt
Trunken vom Nektar
Im Nebel verirrt
Abgestürzt
Liegen geblieben

Steh auf !!!

Gebunden

VERSPROCHEN

Umhüllung
Besiegelt
Aus Blütenstaub
Zur Zweisamkeit

Verschleiert
Gesponnene Seide
Durchtränkt
Vom schwammigen Schwur

Lebensträume
Überzuckerter Glanz
Auf gehärtetem
Raureif

Perlstichworte
Ungelesenes Herzklopfen
Entfremdet
Zur Einsamkeit

Einband
Durch Beanspruchung
ZERBROCHEN

Gedanken - Lesen

In welche Welt
Tauchen sie ein?

Schenken sie jedem
Wort Aufmerksamkeit?

Lesen sie den Sinn-
Die Bedeutung heraus?

Horchen sie
In sich hinein?

Wie nehmen Sie
Das geschriebene Wort wahr?

Angst - Vertrauen
Trauer - Freude
Leid - Glück
Schmerz - Lebensfreude

Ablehnung oder Liebe?

Haben Sie ein Einsehen
Man muss nicht ALLES verstehen

ALLES
Kann man nachlesen

Geliebte OMA

„ Kannst du mein Haar kämmen?"
fragte sie mich.

„ Ja " sagte ich, erlöste den Haarknoten
von den kleinen Haarkämmchen.
Erschöpfter Rücken fing das silbergraue, glänzende,
Haar auf. Ich streichelte es zärtlich.

Der Kopf sank schwer auf die bebende Brust.
Leise, lauter, werdende Geräusche.
Erlösender Schlaf. Ich kämmte weiter.
Diese Stunde gehörte nur UNS BEIDEN.

Nachts, leises weinen, offene, nie verheilte Wunden
quälten Dich. Zu Viele Jahre hast Du Schmerzen
erduldet. Dich nie beklagt.

Mittags Fallenlassen
Frieden in Deinem Herzen
Ich konnte sie nicht nehmen
Deine Schmerzen

In diesen Momenten-
Dich schlafend zu sehen-
Fühlte ich Ruhe in mir
Viele Jahre- ich war Schulkind-
Litt ich mit Dir

Meine geliebte OMA
Ich habe die Kämmchen noch!!!

Geschichtsbuch

Ich lese jeden Tag
In offenen Gesichtern

Sie erzählen Geschichten
In grauen - bunten Kapiteln
Spiegeln den Inhalt wider
Je nach Hintergrund

Ich lese jeden Tag
In geöffneten Büchern

Viele viele sind noch nicht zu Ende gelesen

Grenzenlos?

Als Kind
Dachte ich:

Bäume wachsen
In den Himmel

Heute weiß ich:

Unser Horizont
Ist begrenzt!

Glauben

Ich suchte:
Wasser
In der Wüste

Brot
Auf dem verdörrten Acker

Wärme
In der Eiszeit

Tröstung
In der Einsamkeit

Die Verbindung
Zu MEINEM Weg

Erblickte die Pforte
In der Dunkelheit

Öffnete sie - Schritt hindurch

Ich gehe weiter
Bleibe nicht stehen

Denn ich Vertraue IHM

Heimkommen

Wenn Schattenriesen reisen
Feenhaare wehen
Webern den Weg
Zu den Perlennetzen weisen
Ja - dann
Will ich die Schöpfung
Der Liebe lobpreisen
Und aufgeklärt zu Dir ziehen
Für den letzten Zeitabschnitt!!!

Herbst
Erntezeit

Blüten
Früchte
Saatgut

Viele Jahre
Keimlinge
Als Vorrat
In das Horn
Gefüllt

Es quillt über
Sortiere aus
Was nicht mehr gut ist

Mein Füllhorn
Ist aufgeräumt

Herz – Zentrum

Sie wollen:
- Rennen-
Bleiben auf der Stelle stehen

- Vorwärts fahren
Rollen aber zurück

- Fliegen
Doch sie haben keine Flügel

- Geradeaus gehen
Biegen dennoch falsch ab

Sie drehen sich im Kreis
Verlieren den Halt
Anstatt den Weg zu gehen
Der für sie bestimmt ist

Zu IHREM Mittelpunkt!

Ich habe MEINEN
Durch SEINE LIEBE -
FÜHRUNG - gefunden

Tief in MEINEM Herzen!!!

Hier möchte ich sein

Im Frühling
Als Blütenknospe der Fruchtbäume
Um neue Lebenskraft zu spenden
Hoffnung

Im Sommer
Als wilde, bunte, Blumenwiese
Um allem Seiende Lebensfreude zu bereiten
Zufriedenheit

Im Herbst
Als Zierapfel am blattlosen Baum
Um die verbliebenen Gäste zu ernähren
Bewusstsein

Im Winter
Als samtweicher Mantel
Um alles kalte Grau zu erwärmen
Resignation

Bei Dir
In mir
Glückseligkeit

Hinter - Gehen

Schwankende Leuchten beschatten
Täuschen diese Schwindelanfälle vor
Obwohl sie kraftvoll sicher stehen

Sei wachsam stütze sie nicht
Sonst fällst DU um

Ich lass mich nicht
Hinters Licht führen!

Hoch - sensibel

Erbsen- Prinz/essin

Wenn die Erbse drückt,
Die dünne Haut berührt - verletzt
Dauerhaften Schmerz zufügt
Die Luft zum Atmen nimmt
Dann sei nicht schüchtern- kritisch
Erlöse DICH von Ihr....

Ich habe es geschafft!

Mir eine NEUE GRUNDLAGE
Für MEIN Wohlbefinden erworben

Hoffnung

Durch Geduld
Das Kommende ruhig zu erwarten

Durch Wagemut
Die Angst zu besiegen

Durch Toleranz
Vertrauen zu schaffen

Durch Glauben
Um tiefe Freude zu spüren

Durch Selbstvertrauen
Das Leben zu leben

Nur wer sich selbst liebt
Kann Liebe geben

ICH – DU- ER – SIE - ES
Bin – Bist – Ist – Ist - Ist

Nicht perfekt

Wir können:
Beweglich lernen
Unserer Denkfähigkeit
Vertrauen

Fühlen - Wahrnehmen
Bewusst handeln
Durch ständige Veränderung

Wir sind:
EINS mit der Leere
Dem UNIVERSUM
Mit ALLEM

Wir atmen:
Willensfreiheit

Damit WIR ALLE existieren können

Illusionist

Liebe:

Nur ein Spiel?
Der Sinne- Gedanken- Phantasien?

Ich lasse mich nicht
Auf Trickkünstler ein!

Bekomme AUFRICHTIGE Liebe
Jeden Tag von IHM GESCHENKT
IHM glaube ich

Ich muss mich nicht selbst betrügen!!!

In – ter(n) – net(t)???

Anklicken-
Anblicken-

Blendende Pantomimen
Zu schön - Um wahr zu sein!!!

Ich muss in Deine Augen sehen
MIR selber ein Bild machen!

Spinne mein eigenes Netz!

Kampf der Giganten

Es beäugt verstockt
Starrt an
Scharf - pausenlos

Verweist vom Standpunkt
Beeinflusst eigennützig
Legt kontrolliert fest
Verankert

DAS UNBEWUSSTE

Der Kampf beginnt
Gewinner ist-

Hoffentlich
DAS BEWUSSTSEIN!!!

Kettenband

Geschweißt
Durch Liebe -
Keine Trennung

Zerrungen
Durch Triebe -
Gefühlsbekennung

Bröckelt
Durch Lügen -
Verwirrung

Verlorene
Zeit?
Freiheit?

Gefunden
Neues Glied -
Zur Verbundenheit

Mit Verschluss
Zum Öffnen -
Zur Handlungsfreiheit

Kinder - Erwachsen

In die Wiege gelegt
Gehegt - gepflegt

Erwartung-
Von Erwachsenen -
Träume

Entwicklung
Verhindert?
Mit Nachdruck
Behindert?

Oder gefördert
Mit Kapital?
Zum Prinzipal?

DAS LEBEN GEPRÄGT!

Welch eine Qual!

Jeder will-
Muss-
Sich SELBST suchen

Seine Erfüllung
FINDEN!!!

Klagelieder

ERZÄHLEN
Gefühllose Geschichten
- Über Hass
Angetrieben
Von dem Innersten

Von Wünschen-
Sehnsucht
Nach Erleben

Mangelnder Leidenschaft
Schmerz

Phantasievolle Märchen
- Von Liebe
Emporgestiegen
Aus der Tiefe

" Begehren "

Manchmal
Werden Märchen wahr!

Für Momente

Sei dankbar
Für DIESE AUGENBLICKE

Beklage Dich nicht Mein Herz

Kraft - werk

Angezapft von Außen-
Gespendet-
Verschwendet-
Ausgebeutet

Ich kann keine Energie
Mehr weitergeben

Mein Akku ist leer!!!

Labyrinth

Jeder Tag
Ist eine Etappe
Im Labyrinth des Lebens!

Ich habe das Rätsel gelöst
Ändere meine Richtung!

Das KANNST DU auch!!!

Liebe?
Liebe kommt aus dem Herzen
Nicht aus dem Geldbeutel!!!

Lebenslauf

Meine Energie
Fließt unablässig

Ich lasse
Mich mitreißen
Von sinnvollen Strömungen

Mal langsamer
Mal schneller
Ohne Begehr

In neue Richtungen
" Jetzt "
Jeden Tag

Mit Tropfen der Quelle
Untrennbar vereint

Licht und Schatten

ÖFFNE DEINE AUGEN

Es ist nicht alles
Wie es scheint!

Negativ wird   Positiv!!!

Lichterglanz

Hoffnung
Im Grün

Treue
In Rot

Verzeihen
All Sein Bemühen

Liebe
ist Sein Gebot

WEIHNACHTEN

Loko (- mit)- Motive

Ich wachte auf, spürte instinktiv,
war ausgeschlossen aus dem Kollektiv.

Man hatte mich manipuliert, destruktiv,
mit allen Raffinessen, konspirativ,
auf dem Abstellgleis ausrangiert,
mein Äußeres derangiert.

Vergessen, übersehen,
durch Nichtachtung deplatziert.
Meine Kraft, Energie,
auf Sparflamme reduziert.
Vom Weltgeschehen distanziert,
obwohl noch immer fasziniert.

Musste man mich profanieren?
Lasse mein Innerstes reflektieren.
Ich bewegte den Zug auch in stürmischen Zeiten.
Zog meine Linien in endlosen Weiten.
Ist hier nun das Ziel meiner langen Reise?
Ungesichert, auf einem Nebengleise?
Niemand der Signale sendet?
Meine Aufgabe nun beendet?

Gibt es keine Alternative
für eine rüstige Lokomotive?

Doch, denn ich vertraue,
baue auf meine Effizienz.
Verwirkliche eine zündende Idee,
akzeptiere die Konsequenz.
Bewege mich zeitgemäß, bin flexibel, aktiv.
Genieße durch Streifzüge
den (UN) Ruhe-Stand produktiv.

Denn es gibt immer eine Perspektive,
auch für eine, schon rostende,**Lok- o(hne) -motive.**

Wir, die Jungen Alten, können noch gestalten.

Loslassen

Reflektierte Daten
Gespeichert auf Festplatte
Hohe Speicherkapazität

Festgehalten
In der Bibliothek
Für die Ewigkeit?

Datensicherung monatlich
Gebrannt auf separates Laufwerk
Vorteil zur Widergabe

Datei für Datei
Jederzeit abrufbar
Ohne Verschleiß

Löschung keine Eile

DU willst die Verbindung
Nicht kappen
Die Darbietung
In der Rückschau behalten

Lass Sie endlich los!!!

Ich will keine Kopie sein
ICH BIN EIN ORIGINAL!!!

Maja- treues Herz auf vier Pfoten

Funkenstreuende Iris
Mosaik- geformt durch Schmerz
Splitter kratzten Risse in mein Herz

Seelentropfen rannen glühend
Gefüllte Durchsichtigkeit
In meine Innerlichkeit

Eingeschweißte Fadenspulen flogen
Schwebend auf Angstschleier
Dem Eismeer entgegen

Sanft gestreichelte Wogen
Farbpalette zeichnete freier
Ließ blitzende Träumerei sich regen

Spiegelwürfel reflektierten
Tosende Lebendigkeit
Verworrener Schatten erstrahlte
Hell in Verbundenheit

Ich hatte mit Dir gekämpft
Dich aus der Dunkelheit zu holen
Dein Dank – Viele Jahre
Freundschaft- Begleitung- Liebe
Du hast mich so reichlich beschenkt
Dein sanfter Blick ist in meinem Herzen verankert

Manipulation

Öde Worte

Schmeichlerisch
Besitzergreifende Berührung

Stutzen Flügel
Legen Fesseln an

Gehabe
Machtvoll verletzend

Kraftgeballt
Vertreibend

Wollend
Egoistisch eingefordert

Drohend
Schmerzen bereitend

Stelle IHM Fragen
"höre zu"

Helfender
Tröstender
Heilender Wortschatz
"DU"

Mauerblümchen

Schlichtes Band
An rauer Wand
Anschmiegsam
Verästelt
In dieser Umfassung

Ein Blumenkelch
Himmelstränen
Trinkend
Wundersame Nährung

Glanzlos achtbar
Von Wärme umspielt
Ein Diamant
Geschliffenes
Feuerwerk

Durch SEINE Liebe-
Güte- weiterentwickelt

Wachsen, reifen
Mit jedem Tag

Das Leben wird bunt!!!

Mein Kornfeld

Purpurne Flatterröckchen
Wiegen sich im Tanz
Begrüßen den Ährenstand

Fleckenlose Wolkenreiter
Geöffnete Flügel
Verneigung im Sonnenstand

Azur Lichterglanz
Durchflutet Reife
Verführung im Zaubergewand

Goldiger Federflöckchenschnee
Duftende Heiler
Am Wegesrand

Blutroter Mohn
Weiße Margeriten
Blaue Kornblumen
Gelbweiße Kamille

Sternenkranz im Wunderland

Meine Heimat!

MEIN WUNSCHBAUM

Wenn ich für jedes Blatt
Am Baum
Einen Wunsch frei hätte
Wünschte ich mir tausendfach…

Friedvolle
Zuhörende
Hilfsbereite
Freundliche
Verständnisvolle
Miteinander-
Nicht nebeneinander
Lebende
Menschen

In dieser rastlosen- irren- wirren- Zeit

Ein Lächeln für Jedermann
Mit Dominoeffekt

Auf Gott vertrauen
SEINE Liebe
SEINE Führung
Erkennen- Annehmen

Ich Träumerin –
Ich glaub immer noch an
WUNDER

Mondschein-Sonate

Sternenflimmern
Brennende Glut
Ein Trabant
Nicht weit entfernt

Visuell wahrgenommen
Farbneutrale Energie
Beeinflusst Träume

Radio- (ist) aktiv

Mummenschanz

Wachsam -
Beherzt
Tragisch -
Lustig

Maskiert -
Verzaubernd
Geschminkt -
Unverblümt

Zeitvertreib
Aus gefühlten Schattenbildern
Unwirklich!
Ist das das Spiel des Lebens?

Tränen
Füllen meine Augen
Das Spiel spiele ich nicht mit!

Ich schminke mich nicht
Trage meinen Glanz
Durch Veränderungen im Herzen

Erfreue mich am wirklichen Leben!

Murmelspiele

Ich strecke meine Hand
Dem funkelnden Universum
Entgegen

Spiegelnde
Irritationen
Ziehen mich magisch an

Stützpunkt suchend
Treibe ich
In der Raumleere
Ziellos umher

Aufwirbelnder Sternenstaub
Zerrt mich
In den Planetendschungel
Hinein

Undurchsichtige Macht
Lässt mich beäugt
Pendeln

Ein Spielball
Schwankt
Im nicht Fassbaren

Ich schwinge mit
Wie lange?

Navigationen

Tierwelt
Im Auge
Im Fuß
Im Schnabel
Im Barthaar

Durch Echolot
Druckwellen
Sinneszellen
Magnetkarten im Gehirn

Manche haben
Ein drittes Auge

Menschen?

Ich verlasse mich
Auf MEIN Kopf-
Bauchgefühl!

Herzensweisheit!!!

Not - Lüge?

Ich hörte-
Vom Feuerwerk-
Durch Strahlenbündel entfacht

Von Lebewesen-
Im Pulverhauch erwacht

Von Feuerreitern-
Im unwegsamen Gelände verirrt

Von Geschöpfen-
In Sanddünen verwirrt

Von Nachtschwarzen Flügeln-
Wandervölker auf unbekannten Wegen

Von Seelenwesen-
Durchsichtig
Zur Erleuchtung schweben

Sinnlose- Kriege?
Notlüge!!

Gier - Macht

Pforten

Türen öffnen sich
Türen schließen sich

Für VIELE
Nur ein Durchgang

Manche Türen
Bleiben für immer
Verschlossen

Doch EINE Pforte
Wird weit geöffnet sein

Reisefieber

Ich ging auf Entdeckungsreisen
Mit einem Wanderstab
Suchte unerbittlich Wirkungskreise
Tief gebeugt am Bettelstab

Da-
Plötzlich entwickelten sich Lebensweisen
Erhofft durch einen Pilgerstab

Denn-
„ER" kam mir entgegen auf meiner Reise
In seiner Hand ein Hirtenstab

Ich setze meine Wanderung fort
Erhoben - nicht mehr allein
Ein barmherziger FREUND in MEINEM ORT
Wird fortan mein Gefährte sein

Ich fühle Geborgensein IN MIR

Rosenstock

Wenn DU
Meine Stacheln
Nicht magst

Kannst DU
Mich auch nicht
Stützen

Rosenzeit -
Sonnenzeit

Ruhephase in meinem Garten

Sanfter Windhauch
Berührt mein Gemüt
Stille umgibt mich:

-Nackte Arme strecken
Sich lebenshungrig
In den letzten Wärmestrahlen

- Lebloses
Klebt Tau getränkt
An nicht Geschnittenem
- Geschorenes
Fällt farblos herab

-Dornenperlen
Nähren das Gebliebene
- Nicht gepflückte Früchte
Füllen Lücken des Daseins

-Vertrocknete Pracht
Zieht sich förmlich zurück

Restbestand verneigt sich
Unter weißem Spitzenhäubchen
Genießt unerlässliche Ruhe
Um Kräfte zu sammeln
Vor dem Bewegungstrieb

Alles erfüllt seinen Zweck
ENDE IST ANFANG

Rhythmus

Mein Herz - Dein Herz

Schlagen - Getrennt

Doch
Miteinander-
Füreinander
Aus Liebe

Sanduhr

Fließsand Rinnt
Unfügsam Unbarmherzig
Schnell

Kraftlos
In gefühlter
Einsamkeit
Will ausruhen

Erstickt zwischen
Leere Ungewissheit
Raum und Zeit
Alles was bleibt?

Lebe-
Mit jedem Atemzug!

Schicksalsweber

Geworden
In Vergangenheit

Werdend
In Gegenwart

Soll Werden
In Zukunft

ALLES ist miteinander verwoben

Mein LEBENSFADEN
Ist eingeflochten
Nicht gerissen

Ich bin dankbar
Für jeden neuen Tag

Lebe - erlebe
Unbewusst – Bewusst!

Schwimmkerze

Feuer
Mit Inspiration
Vereinte Harmonie
Ein Reiz der Sinne

Lebensfunke
Entzündet begeistert
Das Herzblatt

Erregung reflektiert
Anspruchslose Umklammerung
Und doch durchschaut Sie Dich

Herzflimmern
Verzehrt schwimmend
Energie
Benötigt Fundament
Sonst erlischt
Die Flamme

Gib mir Raum
Zum Atmen

Stützpunkt
Damit Meine Liebesglut
NICHT AUSGEHT!

Seelen -Traum

Es greift zu
Lässt los

Öffnet die Tür
Schließt heimlich

Wandelt
Im Geheimen

Entzieht sich
Entscheidend
Nicht fassbar

SIE in IHM
ER in IHR
Vereint

Unbegreiflich

Ton - Künstler

Schau hin- Hör zu
Die Natur ist voller Klänge
Dein Herz Wird ihre Melodie verstehen

Vom Himmel gelenkt
Vielen geschenkt!
Gefühl für .....Musik

Sehnsuchtsbilder???

Mit Dir
- Zur Sonne fliegen
Aufwärts treiben lassen,
Eins werden mit der Dunkelheit?

- Auf Wolken schweben
Von Blitzen entladen,
sich in Tränen ergießen?

- Auf dem Regenbogen reiten
Vom Sonnenlicht gebrochen,
im Farbenspiel ertrinken?

- Auf Wellen der Meere schwimmen
Mit aufwühlender Brandung
an Klippen anstoßen?

- Auf dem Vulkan tanzen
Brennen, glühen
Im Aschenregen ersticken?

- Träumen
 Auf dem Moosteppich liegen
Hinauf zu den Sternen blicken

DAS möchte ich
Mit Dir
Und bodenständig bleiben

Sie kommt

Leise - schleichend
Wenn du nicht
Mit Ihr rechnest

Du kannst Sie
Nicht aufhalten
Dich verstecken
Verkleiden

Sie findet dich
Holt dich ein

Nimm sie an
Achtsam

Herbst – Zeit - Muße

Übersehen

In grauen- Kalten Mauern
Hinter kleinen - Vernebelten Fenstern
Bekümmert - unscheinbar
Ohne Licht

ICH sehe SIE!
DU AUCH???

Sinn- Reich

Buch
Der Träume-
Erinnerungen

Geschrieben
Von MIR-
Für MICH

Lesen - Verstehen
Kann es

Nur ICH

Verschlossen

Mein geistiges Eigentum

Stählerne- Wirbelsäulen

Programm-
Eingesetzt

Arbeitskraft
Dreht - bewegt
Sich schnell

Bohrt - schlichtet
Schleift gepflegt
Fertigt Industriell

Läuft zeitlos
Unentwegt
Poliert manuell

Die Maschine - M...
Unbekannter Typ!!!

Programm
Für Tatkräftigen
Wirbelkörper
Abgeschlossen

WIRD ERSETZT!!!

Sternen - Zeit

„Die Zeit"
Machte sich
Durch eine
Licht Erscheinung
Auf mich
Aufmerksam

„ Sie „
Schenkte mir
Einen Stern
Ich empfing ihn
In Ehren

Mein Herz
War erfüllt
Von Liebe

Ich beschützte
Das gesegnete Himmelslicht

Ließ
"Es"
Strahlen

Christopher
Mein Sohn
Jahre ersehnt - Dankbar willkommen

Stille Nacht

Sonnenstrahlen
Ertrinken zwielichtig

Diamanten
Funkeln im Milcherzeugnis

Mondmagnet
Zieht das Wasserkleid an

Sterne
Rieseln wie Schuppen

Schnuppe!

Heute Nacht
Beginnt - Morgen

Sonne - Lachen
Lebendiger Tag!

Treff- Punkt

Langsam
Kennen lernen

Entfremdet - Schnell

Zeit verrinnt!!!
Was bleibt?
Lebe-
Wohl !?

Tafelrunde

Damals:

Die Besten-
Wichtigsten-
Adeligen

Heute:

Herzlich Eingeladen
**An der Tafel zu speisen
Sind die BÜRGERLICHEN**

Hier sind SIE WILLKOMMEN!!!

Traum - Gestalten

Träume
Die Angst machen
Einfach umdrehen

Ihnen
Den Schrecken nehmen

So werden
Aus Feinden - Freunde

Lebensnotwendig!

Gehe ausgeruht
In den Tag

Traumfinder

Angelernte Distanz
Imitiert auf Akzeptanz?

Erwünschte Ziele
Verpasst durch auferlegte Grenzen?

Empfundene Trugbilder
Verschenkte Augenblicke
der Lebensqualität?

Gewählte Einsamkeit
Durch vorgeschriebene Regeln?

Geprägtes Leben
Preisgegebene Konsequenz

Erkenntnis
Ist UNSERE Existenz

Vertrockneter Tränenfluss

Süßwasser Versiecht Verdarbt
Salz Eingebrannt Vernarbt

Ich suchte eine neue Lebensquelle
Fand meinen Lebensstrom

Treibholz

Atemlos-
Der Strom hetzt-

Aus der Heimat vertrieben
Mit Hoffnung auf Frieden
Und Mut zum Leben

Bei eisiger Kälte
Stürmen und Schnee
Ängste überwinden

Glaube - Vertrauen
Dahinschwinden?

TROSTLOS-

Den Kriegsgefahren
Ausgesetzt!

Zeitlos?

Im Andenken an meine Mutter und Großmutter
Am 20.März 1945 - nach Tagelangem - mühevollem
Marsch - vielen Entbehrungen – Todesfällen - aus
Westpreußen in Schönemoor angekommen.

Urschrift

In Fachbüchern blättern?
In Glaskugeln schauen?
Von Horoskopen
beeinflussen lassen?

Von der Meinung Anderer
Überzeugt sein?

Fragen-
Endlose Suche
Nach Glück???

Das Drehbuch
Für Unser Leben
Ist UNS VORGESCHRIEBEN

ICH HABE MICH EINGELESEN!

Verändere
Wenn – wann - ICH will
Abschnitte
In MEINEM Original

Zum Glück!!!

Verbundenheit
Hildegard

Farbenreiche Flügel
Sturmfeste Feder-
Aufrichtiges Herz-

Mit Familie-
Freunden
Im Kreis verbunden
Ein geflochtenes Band

Gibst selbstlos Liebe
In geöffnete Hand

Wendemantel
Eine Seite grau- Altmodisch
Die andere bunt- Zeitgemäß

Gedreht - Nach SEINEN Bedürfnissen

ER IST
IN SICH
NICHT EINS

Zweigeteilt!!!

Ernsthaft - Gemustert!

Vertonung

Ich lauschte
Erwartungsvoll
Dem Klang
Der Konzert Töne

Ließ mich
Vom Wohlklang verzaubern
Flüsterte begeistert
Spielt – singt - weiter

Leidenschaft
Betont Bedeutung

Ich empfinde
Meine Melodie
Im Herzen

Freudlos DER, DER kein Lied
In sich erlebt

Wohl – tuend

Mein Herz schließt Frieden
Mit der Vergangenheit

ALLES IST GUT!

Viel- seitig

Wildes wächst neben Gezähmtem
Zaubert Farbkontraste

Einzigartige Stämme
Sind von Fremden besetzt

Fassungsloses
Sucht risikobereit Halt
Richtet sich auf

Weiße Schleier
Umhüllen die Schöpfungskronen

Dschungel- Buch
Erinnerung-
Zum Nachschlagen?

Wetter - Front

Hoch und Tief
Streiten-
Wechseln sich ab

Donnerwolken
Ergießen sich
Auf fruchtbaren Boden

Es klart auf!

Wahlfreiheit

Erst zwei Drittel
Vollendet
Vorzeitig
Beendet

Freiwillig
Oder nicht

Pflichtbewusst
Berücksichtigt

Ansprüche
Zurückgestellt
Wartezeiten
Hinzu gesellt

Lange Jahre
Zugesichert
Ist das Alter
Abgesichert

Hohn?

Wirklichkeit!!!

Wechselreden

Damals
Miteinander-

Gedanken ausgetauscht
Träume ausgelebt
Gefühle erlebt
Geredet

Jetzt
Jeder für sich

Sehnsüchte
Gemeinsamkeiten
Verloren
Worte sind verstummt

Es ist still geworden

Wir haben UNS
Vergessen

Weisheit?

Ohne Studium?
Durch Lernen?
Zuhören?
Neugier?
Leben?

Viele Worte
Werden kopiert
Umgeschrieben!

Nur das Herz
Schreibt aufrichtige
Glaubwürdige Worte!

Durch LEBENSERFAHRUNG!

Zuversicht

Ich setzte mein rotes Käppchen auf
Schritt mutig durch den Märchenwald

Wo kam ich an??
Auf einer Lichtung
Mit vielen bunten Blumen
Eine glückselige Ansicht

Kein Märchen!!

Wert - los?

Dinge-
Mit winzigen Fehlern
Werden verlagert

- Die matt sind
Werden nicht mehr benutzt

- Die verrostet sind
brechen auseinander

- Die nicht mehr
Vollständig funktionieren
Werden ersetzt

Klebstoff	>	Liebe
Poliermittel	>	Arbeit
Entroster	>	Paartherapie
Aufbereitungsanlagen	>	Seminare

Ungenutzte Hilfsmittel?

Lebenslustige Kinder
Langjährige Arbeitslose
Ergraute Ehepartner
Ältere Arbeitnehmer

NICHT ERWÜNSCHT

Menschlichkeit?

Zeit

Momente:

Zum Fühlen
Riechen
Schmecken
Durchatmen
Für Liebe

Spüre
Die Kraft
Deinen Lebensfluss
Neue Energie

Deine Zeit ist Endlich-
Genieße sie!!!

Zu - Wendung

Weniger
Ist manchmal
MEHR

Zu wenig
Ist
Nicht genug

MEHR
Ist oft
Notwendig

Zielfindung

Ich steige Stufen
Hinab in meine Tiefen

Ein Fremdkörper
Dem Blitzschlag
Zugewandt

Das Feuer lodert
Auf der Schwelle
Zur Überwindung

Ich springe
Über meine Grenzen hinaus
Lasse mich tragen
Von aufrichtigen Worten

Unterwerfe mich
Der " Wer oder Was " Frage
Sage " JA " zum Dasein

Ihr könnt auch nur GEWINNEN!

Zierliches Veilchen
Ich mag Dich

Du bist aufrecht
Bescheiden - in der Sonne
Anspruchslos - im Schatten

Du drängst Dich nicht auf
Deine Farben sind echt
Durch Deine angenehme - natürliche Art
Hast Du viele Freunde gewonnen

Offenherzig
Legst Du Deinen Standpunkt fest
Ohne Schädlinge zu Kränken

Damit sich Ableger entwickeln-
Fortpflanzen können
Ziehst Du Dich langsam zurück

Genau wie ich!
Wir sind uns so ähnlich!

FREI -
Doch mit der Umwelt verwachsen

Jeder mit Jedem - Alles mit Allem

Zwischenspiel

Gestern
War ich:

- Unsicher
Benötigte Gehhilfe

- Traurig
Wollte Mitleid

- Ängstlich
Versteckte mich

- Verletzt
Streichelte meine Wunden

- Mir fremd
Suchte Anerkennung

Gestern
War alles grau

Da suchte ich
Hilfe bei DIR
Fand demütig
Ruhe in mir

Heute:

Gehe ich aufrecht
Lache
Tanze im Freien
Sind meine Wunden verheilt
Schaue mich an

Entdecke mich
Erlebe meine Farben

Heute bin ich " **Ich** "

Durch DICH

Eigene Veröffentlichung:
2009, Buch
„ Einfache- Ehrliche- Verständliche – Emotionen"

Weitere Gedichte veröffentlicht:

In der Jokers – Gedichte – Datenbank -
Der besten deutschsprachigen Gedichte,
Weltbild-Verlag.

In der Edition „ Die besten Gedichte 2011/2012"
Frankfurter Bibliothek
Weltweit eingestellt in den bedeutendsten Bibliotheken.

Autorin :
Luzie Irene Pein, 1950 in Lippstadt,
Nordrhein/Westf. geboren.

Luzie Irene Pein

Am Bruchgraben 19
59555 Lippstadt

E-Mail: luzie.pein@web.de
Internet: www.luzieirenepein.de

Satz und Layout: Luzie Irene Pein
Covergestaltung: © Luzie Irene Pein

Bilder: Josef Osthaus
Eigentümerin: Luzie Irene Pein

Fotos: Luzie Irene Pein

Foto/ Bildbearbeitung: Reinhard Joangieseker

Impressum/ Kontakt

Bibliografische Information der Deutschen
Nationalbibliothek:
Die Deutsche Nationalbibliothek verzeichnet diese
Publikation in der Deutschen Nationalbiografie;
Detaillierte bibliografische Daten sind im Internet über
www.dnb.de abrufbar.

Herstellung und Verlag:
BoD- Books on Demand GmbH, Norderstedt

ISBN: 978-3-7357-2058-0
Preis: 9,90 Euro